# JENS SCHUMACHER

# VERRÜCKTE 😁 LÜCKEN

## AUSFÜLLEN – VORLESEN – ABLACHEN

TOTAL
**SPAßIGE**
SCHULGESCHICHTEN

# VERRÜCKTE LÜCKEN

ist ein durchgedrehtes, ganz und gar unsinniges Textspiel, das man allein oder mit Freunden spielen kann. Die Regeln sind kinderleicht.

## SPIELREGELN

Zu Beginn füllst du die Seite WORTVORRAT (vor jeder **VERRÜCKTE LÜCKEN**–Geschichte) aus. Diese Liste sieht immer etwas anders aus.

In jede Zeile setzt du ein Wort der gesuchten Gattung ein.

**WICHTIG:** Du darfst dir die **VERRÜCKTE LÜCKEN**–Geschichte auf der folgenden Seite noch **NICHT** ansehen!

## Ein Verb (auch „Tuwort")

Meistens ist die Grundform gefordert,
z. B. „rennen", „essen" oder „schwimmen".

Wird das Verb in einer bestimmten Person benötigt, musst du es anpassen, z. B. ER, SIE oder ES „rennt" oder „schwimmt".

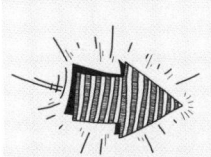

TIPP: Verben, die eine konkrete Tätigkeit beschreiben, z. B. „rufen" oder „fliegen", funktionieren am besten. Verben wie „sein" oder „haben" oder zusammengesetzte Verben wie z. B. „anspringen" oder „zurückblicken" führen dazu, dass der Text sich später ein bisschen holprig liest.

## Ein Nomen (auch „Hauptwort" oder „Namenwort")

bezeichnet **NAMEN, LEBEWESEN, DINGE** oder **EREIGNISSE**
(z. B. „Haus" oder „Fisch").

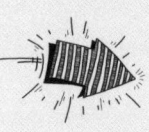 Damit die Wörter besser in den Text passen, ist manchmal vorgegeben, ob es **DER, DIE** oder **DAS** sein soll.

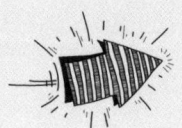 Meistens ist die **EINZAHL** gefordert, manchmal auch die **MEHRZAHL** (z. B. „Häuser" oder „Fische").

## Ein Adjektiv (auch „Wiewort")

beschreibt, **WIE** jemand oder etwas ist,
z. B. „bunt" oder „dumm".

 Alle anderen Wörter erklären sich von selbst (z. B. Körperteil oder Farbe).

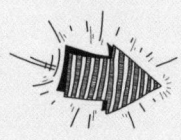 Sollte ein **LAND** gefragt sein, wähle eines ohne Artikel, z. B. „Deutschland" oder „Indien". (Die Schweiz oder die Türkei scheiden leider aus.)

# Hast du alle Felder ausgefüllt, sieht dein WORTVORRAT z. B. so aus:

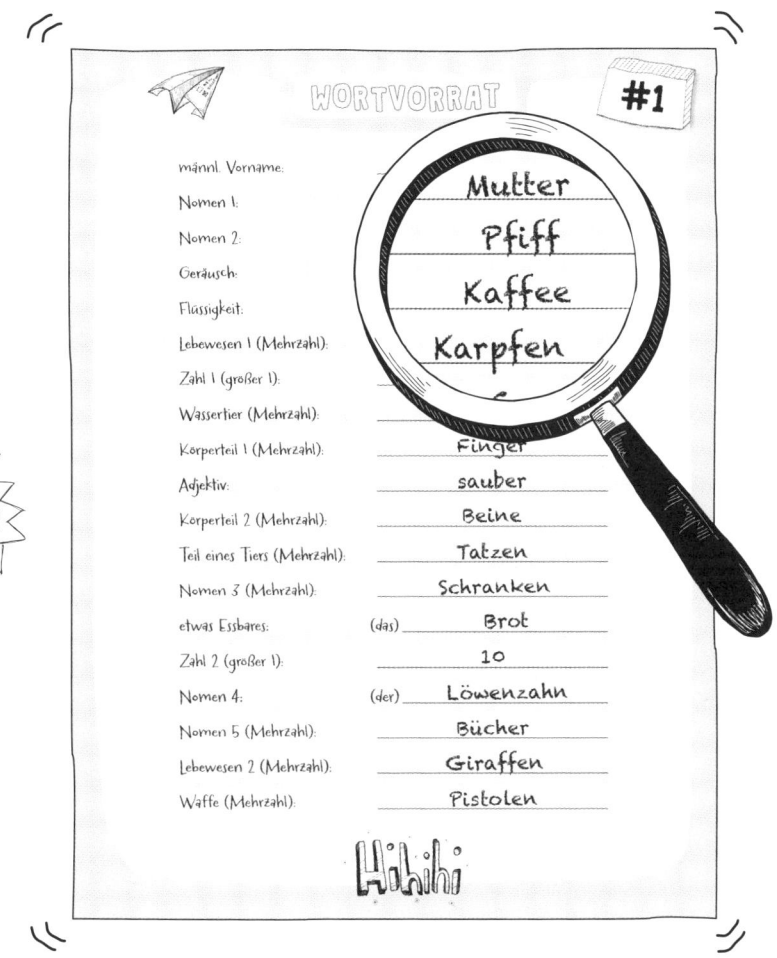

**WORTVORRAT** #1

| | | |
|---|---|---|
| männl. Vorname: | | Mutter |
| Nomen 1: | | Pfiff |
| Nomen 2: | | Kaffee |
| Geräusch: | | Karpfen |
| Flüssigkeit: | | |
| Lebewesen 1 (Mehrzahl): | | |
| Zahl 1 (größer 1): | | |
| Wassertier (Mehrzahl): | | |
| Körperteil 1 (Mehrzahl): | | Finger |
| Adjektiv: | | sauber |
| Körperteil 2 (Mehrzahl): | | Beine |
| Teil eines Tiers (Mehrzahl): | | Tatzen |
| Nomen 3 (Mehrzahl): | | Schranken |
| etwas Essbares: | (das) | Brot |
| Zahl 2 (größer 1): | | 10 |
| Nomen 4: | (der) | Löwenzahn |
| Nomen 5 (Mehrzahl): | | Bücher |
| Lebewesen 2 (Mehrzahl): | | Giraffen |
| Waffe (Mehrzahl): | | Pistolen |

Hihihi

## Jetzt darfst du umblättern und beginnen, die VERRÜCKTE LÜCKEN-Geschichte zu lesen.

**#1**

## DIE GESCHICHTE UNSERER WELT

Lehrer: _____Dieter_____ , wiederhole bitte, was wir in der letzten Stunde darüber
männl. Vorname

gelernt haben, wie das _____Riesenrad_____ auf unserer _____Mutter_____ entstand
Nomen 1                                      Nomen 2

und wie es sich entwickelte.                              Hihhi

Schüler: Am Anfang, kurz nach dem Ur-_____Pfiff_____ , gab es erst mal gar nix.
Geräusch

Irgendwann bildeten sich im _____Kaffee_____ die ersten _____Karpfen_____ . Im
Flüssigkeit                              Lebewesen 1

Verlauf von etwa _____5_____ Jahren wurden aus ihnen _____Wale_____ , noch
Zahl 1                                          Wassertier

etwas später wuchsen ihnen dann _____Finger_____ und sie krabbelten an Land.
Körperteil 1

Lehrer: Bis jetzt ganz _____sauber_____ . Weiter!
Adjektiv

Schüler: Die ersten Landbewohner waren Reptilien. Manche hatten lange _____Beine_____ ,
Körperteil 2

andere besaßen _____Tatzen_____ und segelten damit durch die Luft. Es gab welche, die
Teil eines Tiers

fraßen nur _____Schranken_____ , andere ernährten sich von _____Brot_____ . Die
Nomen 3                                    etwas Essbares

größten Dinosaurier konnten _____10_____ Meter lang werden! Aus einem unbe-
Zahl 2

kannten Grund starben sie irgendwann aus. Manche vermuten, ein _____Löwenzahn_____ ,
Nomen 4

der vom Himmel auf die Erde fiel, sei dafür verantwortlich gewesen. Säugetiere übernahmen

die Herrschaft, die Urahnen vieler heutiger _____Bücher_____ und auch des Menschen
Nomen 6

entwickelten sich: zottige Affen-_____Giraffen_____ , die schwere
Lebewesen 2

Stein-_____Pistolen_____ schwangen.
Waffe

Lehrer: Und was wurde aus diesen Frühmenschen, nachdem sie ihren Pelz abgelegt hatten?

Schüler: Äh ... Lehrer?

Stößt du auf eine Lücke,
fügst du an der Stelle das geforderte
Wort aus dem WORTVORRAT ein.
So entsteht deine ganz persönliche,
abgedrehte und in vielen Fällen total unsinnige
VERRÜCKTE LÜCKEN–Geschichte.

Spielst du **VERRÜCKTE LÜCKEN** mit
deinen Freunden, bitte jeden Mitspieler
um ein Wort für den WORTVORRAT –
so lange, bis die Liste voll ist.

Ein Mitspieler wird zum Vorleser ernannt,
der eure **VERRÜCKTE LÜCKEN**–Geschichte vorliest,
indem er die zusammengetragenen Wörter an
den jeweiligen Stellen einsetzt.

VERRÜCKT!

**Wichtig:** Sollte es einmal vorkommen, dass ein Satz in einem ausgefüllten Lückentext ein bisschen holprig klingt, z. B. weil die Endung eines Nomens oder ein Verb nicht 100%ig in die Satzstruktur passen, kann es dafür zwei Gründe geben:

a) Du hast ein superungewöhnliches, total krankes Wort gewählt, das wir beim Ausdenken des Lückentexts unmöglich vorhersehen konnten.

b) Obwohl wir alles unternommen haben, sie ein bisschen zu zähmen, verhindert die knifflige deutsche Grammatik hier das reibungslose Funktionieren des Satzes.

So oder so, es ist nicht weiter schlimm. Wir sind hier nicht in der Schule und **VERRÜCKTE LÜCKEN** sollen vor allem eins:

## SPAß MACHEN!

# Und los geht's!

# WORTVORRAT

#1

männl. Vorname: _____

Nomen 1: (das) _____

Nomen 2: (die) _____

Geräusch: (der) _____

Flüssigkeit: (das) _____

Lebewesen 1 (Mehrzahl): _____

Zahl 1 (größer 1): _____

Wassertier (Mehrzahl): _____

Körperteil 1 (Mehrzahl): _____

Adjektiv: _____

Körperteil 2 (Mehrzahl): _____

Teil eines Tiers (Mehrzahl): _____

Nomen 3 (Mehrzahl): _____

etwas Essbares: (das) _____

Zahl 2 (größer 1): _____

Nomen 4: (der) _____

Nomen 5 (Mehrzahl): _____

Lebewesen 2 (Mehrzahl): _____

Waffe (Mehrzahl): _____

Hihihi

# DIE GESCHICHTE UNSERER WELT

**Lehrer:** _____ , wiederhole bitte, was wir in der letzten Stunde darüber
männl. Vorname

gelerut haben, wie das _____ auf unserer _____ entstand
Nomen 1                          Nomen 2

und wie es sich entwickelte.

**Schüler:** Am Anfang, kurz nach dem Ur- _____ , gab es erst mal gar nix.
Geräusch

Irgendwann bildeten sich im _____ die ersten _____ . Im
Flüssigkeit                          Lebewesen 1

Verlauf von etwa _____ Jahren wurden aus ihnen _____ , noch
Zahl 1                                    Wassertier

etwas später wuchsen ihnen dann _____ und sie krabbelten an Land.
Körperteil 1

**Lehrer:** Bis jetzt ganz _____ . Weiter!
Adjektiv

**Schüler:** Die ersten Landbewohner waren Reptilien. Manche hatten lange _____ ,
Körperteil 2

andere besaßen _____ und segelten damit durch die Luft. Es gab welche, die
Teil eines Tiers

fraßen nur _____ , andere ernährten sich von _____ . Die
Nomen 3                                          etwas Essbares

größten Dinosaurier konnten _____ Meter lang werden! Aus einem unbe-
Zahl 2

kannten Grund starben sie irgendwann aus. Manche vermuten, ein _____ ,
Nomen 4

der vom Himmel auf die Erde fiel, sei dafür verantwortlich gewesen. Säugetiere übernahmen

die Herrschaft, die Urahnen vieler heutiger _____ und auch des Menschen
Nomen 5

entwickelten sich: zottige Affen- _____ , die schwere
Lebewesen 2

Stein- _____ schwangen.
Waffe

**Lehrer:** Und was wurde aus diesen Frühmenschen, nachdem sie ihren Pelz abgelegt hatten?

**Schüler:** Äh … Lehrer?

# WORTVORRAT

Nomen 1:                          (der) _____

Zahl 1 (größer 1):                _____

Uhrzeit:                          _____

Zahl 2 (größer 1):                _____

Adjektiv:                         _____

Abschnitt des Tages:              _____

Zahl 3 (größer 1):                _____

Nomen 2:                          (der) _____

Nomen 3:                          (das) _____

Fahrzeug (Mehrzahl):              _____

Nomen 4 (Mehrzahl):               _____

Zahl 4:                           _____

Nomen 5:                          (die) _____

Nomen 6 (Mehrzahl):               _____

Beruf:                            (der) _____

# WANN FÄLLT DIE SCHULE AUS?

## AUSZUG AUS DER SCHULORDNUNG

Unter folgender Bedingung endet der _____ nach _____
<br>Nomen 1       Zahl 1

Schulstunden, egal wie viele normalerweise im Stundenplan vorgesehen wären:

1) Die Temperatur beträgt um _____ Uhr des betreffenden Tages
<br>Uhrzeit

mindestens _____ Grad Celsius oder darüber. („Hitze- _____ ").
<br>Zahl 2           Adjektiv

Tritt einer der folgenden Umstände ein, fällt der _____ vollständig aus:
<br>Nomen 1, s. o.

1) Die Straßen sind am frühen _____ mit einer geschlossenen, min-
<br>Abschnitt des Tages

destens _____ Zentimeter dicken Schicht aus _____
<br>Zahl 3         Nomen 2

bedeckt.

2) Blitz- _____ und überfrierende Nässe sorgen dafür, dass die
<br>Nomen 3

Schul- _____ den Betrieb einstellen müssen.
<br>Fahrzeug

3) Es herrschen Sturm- _____ von Windstärke _____
<br>Nomen 4       Zahl 4

oder darüber.

4) An der Schule ist eine _____ ausgebrochen, an der bereits über ein
<br>Nomen 5

Viertel aller _____ erkrankt ist. In diesem Fall bleibt die Schule ge-
<br>Nomen 6

schlossen, bis der zuständige Amts- _____ Entwarnung gibt.
<br>Beruf

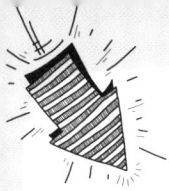

Verwandte (Mehrzahl): _____

Land: _____

Adjektiv: _____

Verb: _____

Ort: (der) _____

exotisches Gericht: _____

Zahl (größer 1): _____

Beruf: (der) _____

Nomen 1 (Mehrzahl): _____

Nomen 2: (das) _____

Körperteil 1 (Mehrzahl): _____

Nomen 3: (die) _____

Farbe: _____

Körperteil 2 (Mehrzahl): _____

Körperteil 3: (der) _____

Nomen 4: (die) _____

Nomen 5: (der) _____

Fahrzeug: (das) _____

Vorname v. jem. im Raum: _____

# „MEIN SCHÖNSTES FERIENERLEBNIS"

## EIN SCHULAUFSATZ

In den Sommerferien machten meine _____ und ich Urlaub in
<br>Verwandte

_____ . Der Aufenthalt dort war absolut _____ : sonnen-
<br>Land  Adjektiv

baden und _____ am _____ , ein Schaufensterbummel
<br>Verb  Ort

und abends _____ im Restaurant. Richtig spektakulär wurde es aber auf
<br>exotisches Gericht

dem Rückflug. Der _____ Stunden dauernde Flug hatte gerade erst
<br>Zahl

begonnen, da verkündete der _____ über die Bordsprechanlage, dass
<br>Beruf

_____ zu erwarten seien. Wenig später begann das Flugzeug zu schaukeln
<br>Nomen 1

wie ein _____ auf hoher See. Ich und einige andere Passagiere rissen
<br>Nomen 2

die _____ in die Luft und johlten laut. Das war besser als die
<br>Körperteil 1

_____ im Freizeitpark! Meine Mutter dagegen schien weniger Spaß zu
<br>Nomen 3

haben: Sie war ganz _____ im Gesicht, ihre _____
<br>Farbe  Körperteil 2

umklammerten verkrampft die Sitzlehnen. Mein Vater quiekte plötzlich auf, schnappte

sich eine Papiertüte und versenkte seinen _____ hinein.
<br>Körperteil 3

Die wilde _____ dauerte bis kurz vor der Landung. Als wir endlich wieder
<br>Nomen 4

festen _____ unter den Füßen hatten, hauchte mein Vater: „Nächstes Mal
<br>Nomen 5

verreisen wir mit dem _____ !"
<br>Fahrzeug

_____ , Klasse 2a
<br>Vorname v. jem. im Raum

Nomen 1 (Mehrzahl): _____

Raum eines Hauses: (die) _____

Nomen 2: (das) _____

Nomen 3 (Mehrzahl): _____

etwas Essbares: (das) _____

Nomen 4 (Mehrzahl): _____

Tier: (das) _____

Nomen 5: (die) _____

Nomen 6: (das) _____

Fremdwort (Nomen): (die) _____

Adjektiv: _____

Nomen 7 (Mehrzahl): _____

Verb: _____

Gebäude: (die) _____

# „SCHMECKT NICHT GIBT'S NICHT"

Die Verpflegung der Ganztags- _____ ist für jede
Nomen 1

Schul- _____ eine knifflige Angelegenheit. Das angebotene
Raum eines Hauses

_____ soll schmecken, nicht zu viele _____ enthalten
Nomen 2        Nomen 3

und muss außerdem eine Menge verschiedene Vorgaben erfüllen: Manch einer isst kein

_____ , ein anderer hat vielleicht eine Allergie gegen
etwas Essbares

Milch- _____ , wieder andere dürfen aus religiösen Gründen kein
Nomen 4

_____ zu sich nehmen. Und kaum ein Schüler denkt darüber nach, wie
Tier

viel _____ es bedeutet, solch riesige Mengen an _____
Nomen 5        Nomen 6

pünktlich zuzubereiten.

Besonders wichtig ist hierbei die _____ : Alles und jedes, was mit den
Fremdwort

Speisen in Berührung kommt, muss absolut _____ sein. Immerhin isst
Adjektiv

quasi jeder hier zu Mittag. Sollten sich einmal _____ einschleichen,
Nomen 7

könnte das ruckzuck den ganzen Schulbetrieb lahmlegen.

Schul-Essen ist unterschiedlich beliebt. Manche Kinder _____ einfach
Verb

alles, andere mäkeln grundsätzlich an dem herum, was ihnen vorgesetzt wird.

Wo isst du lieber: in der _____ oder zu Hause?
Gebäude

# WORTVORRAT

Nomen 1 (Mehrzahl): _____

Nachname eines Lehrers 1: _____

Ballspiel: _____

Schulfach: _____

Nachname eines Lehrers 2: _____

Fremdwort (Nomen): _____

Land: _____

Musikrichtung: _____

englisches Wort (Mehrzahl): _____

Verb: _____

Vorname v. jem. im Raum: _____

Behälter (Mehrzahl): _____

Nomen 2: (die) _____

Nomen 3: (die) _____

Nomen 4: (der) _____

etwas Süßes: _____

Frucht (Mehrzahl): _____

Nomen 5: (der o. das) _____

etwas zu essen (Mehrzahl): _____

# PROGRAMM DES DIES- JÄHRIGEN SOMMERFESTS

**14:00 Uhr:** musikalischer Auftakt durch die Schulband „Die _____ "
<br>Nomen 1

unter Leitung von Herrn _____
<br>Nachname eines Lehrers 1

**15:00 Uhr:** _____ -Match „Schüler gegen Lehrer"
<br>Ballspiel

**16:00 Uhr:** _____ -Quiz: „Wer schlägt den _____ ?"
<br>Schulfach          Nachname eines Lehrers 2

**16:30 Uhr:** _____ -Faltkurs mit unseren Austauschschülern aus
<br>Fremdwort

_____
<br>Land

**17:00 Uhr:** Abschlussauftritt der Lehrer- _____ -Band
<br>Musikrichtung

„The _____ "
<br>englisches Wort

Auf dem Schulgelände haben folgende Klassen Angebote vorbereitet:

– 5b: Kinder- _____
<br>Verb

– 6a: Handpuppentheater „_____ und Seppl"
<br>Vorname v. jem. im Raum

– 7c: _____ -Werfen mit tollen Gewinnen
<br>Behälter

– 8b: Verkaufs- und Infostand der Schülerzeitung „Die _____ "
<br>Nomen 2

– 9c: Ausstellung mit Bildern des Fotokurses „Wir entdecken unsere _____ "
<br>Nomen 3

Für den kleinen und großen _____ werden angeboten:
<br>Nomen 4

– Waffeln mit _____ , dazu frische _____
<br>etwas Süßes        Frucht

– Cocktails (ohne _____ !)
<br>Nomen 5

– Brat-_____ mit Brötchen
<br>etwas zu essen

# WORTVORRAT

weibl. Vorname: _____

Gebäude: (das) _____

Adjektiv 1: _____

Nomen 1: (die) _____

Adjektiv 2: _____

Raum eines Hauses: (die) _____

Lebewesen 1 (Mehrzahl): _____

männl. Vorname: _____

Beruf: (der) _____

Tier: (die) _____

Material: (der/das) _____

Behausung: (die) _____

Waffe (Mehrzahl): _____

Lebewesen 2 (Mehrzahl): _____

Adjektiv 3: _____

Nachname eines Lehrers: _____

Fremdwort (Nomen): _____

Nomen 2 (Mehrzahl): _____

Adjektiv 4: _____

# AUSFLUG INS MUSEUM

*(ein Aufsatz von _____ )*
weibl. Vorname

Letzte Woche waren wir mit der Klasse im _____ . Zuerst hatte keiner
Gebäude

Lust darauf, weil alle dachten, es würde voll _____ werden. Aber dann
Adjektiv 1

kam die _____ : Es wurde total _____ !
Nomen 1      Adjektiv 2

Gleich beim Hereinkommen, in der _____ , stießen wir auf die Skelette
Raum eines Hauses

mehrerer _____ . _____ versuchte, auf eins draufzu-
Lebewesen 1      männl. Vorname

klettern, aber ein _____ stoppte ihn und machte ihn gehörig zur
Beruf

_____ . Wir marschierten weiter.
Tier

In der nächsten Halle waren Überbleibsel aus der _____ -Zeit ausgestellt.
Material

Es gab eine künstliche _____ und _____ aus Holz und
Behausung      Waffe

Stein. Sogar einen Vorfahren der _____ hatte man nachgebaut. Er war
Lebewesen 2

bucklig und _____ und sein haariges Gesicht erinnerte ein bisschen an
Adjektiv 3

Herrn _____ .
Nachname eines Lehrers

Weiter ging es in die Abteilung für _____ . Hier konnte man sich an-
Fremdwort

schauen, wie die _____ unseres Sonnensystems aussehen.
Nomen 2

Als wir am Nachmittag zurückfuhren, waren alle _____ . Hoffentlich
Adjektiv 4

besuchen wir das _____ bald wieder!
Gebäude s. o.

# WORTVORRAT

Nachname: _____

Beruf: (der) _____

Zahl 1 (größer 1): _____

Verb 1: _____

Nomen 1 (Mehrzahl): _____

Adjektiv 1: _____

Werkzeug: (der) _____

Nomen 2: (der o. das) _____

Verb 2: _____

Nomen 3: (das) _____

Nomen 4: (die) _____

Nomen 5: (der) _____

Adjektiv 2: _____

Tier (Mehrzahl): _____

Nomen 6: (das) _____

# EIN HAUSMEISTER PACKT AUS

## INTERVIEW FÜR DIE SCHÜLERZEITUNG

**Frage:** Herr _____ , wie lange sind Sie jetzt schon an unserer Schule als
<small>Nachname</small>

_____ tätig?
<small>Beruf</small>

**Antwort:** Seit _____ Jahren.
<small>Zahl 1</small>

**Frage:** Worin bestehen Ihre Aufgaben?

**Antwort:** Nun, häufig muss ich Dinge _____, die kaputt gegangen sind
<small>Verb 1</small>

oder durch unaufmerksame _____ beschädigt wurden.
<small>Nomen 1</small>

**Frage:** Das bedeutet, Sie müssen handwerklich ziemlich _____ sein?
<small>Adjektiv 1</small>

**Antwort:** Nun ja, ich kann mit dem _____ ebenso gut umgehen wie mit
<small>Werkzeug</small>

dem _____ .
<small>Nomen 2</small>

**Frage:** Was _____ Sie noch?
<small>Verb 2</small>

**Antwort:** Ich bin für die Technik zuständig, wenn ein _____ oder eine
<small>Nomen 3</small>

Theater- _____ ansteht. In der Adventszeit baue ich im Schulhof den
<small>Nomen 4</small>

Weihnachts- _____ auf und schmücke ihn.
<small>Nomen 5</small>

**Frage:** Wie kommen Sie mit den Schülern aus?

**Antwort:** Normalerweise _____ . Ausnahmen gibt es aber immer.
<small>Adjektiv 2</small>

Manche von denen sind richtige kleine _____ !
<small>Tier</small>

**Frage:** Vielen Dank für dieses interessante _____ .
<small>Nomen 6</small>

Uhrzeit: _____

Farbe: _____

Fahrzeug 1: (das) _____

Zahl (größer 1): _____

Körperteil 1 (Mehrzahl): _____

Organ (Mehrzahl): _____

Elektrogerät (Mehrzahl): _____

Verb 1: _____

Waffe (Mehrzahl): _____

Verb 2: _____

Stück Geschirr: (die) _____

Nomen 1 (Mehrzahl): _____

Adjektiv: _____

Nomen 2: (der) _____

Körperteil 2 (Mehrzahl): _____

Fahrzeug 2: (das/der) _____

Nomen 3 (Mehrzahl): _____

Nomen 4: (der) _____

Nomen 5: (das) _____

ABC

# EIN GANZ NORMALER SCHULTAG?

Als ich gestern pünktlich um _____ Uhr vor der Schule ankam, merkte
<br>_Uhrzeit_

ich gleich, dass etwas nicht stimmte: Im Schulhof stand ein riesiges, _____
<br>_Farbe_

schimmerndes Raum-_____ mit _____ leuchtenden
<br>_Fahrzeug 1_ _Zahl_

Antennen. Es musste über Nacht gelandet sein, und mit ihm Dutzende Außerirdische,

von denen jeder acht _____ besaß und ebenso viele eklig pulsierende
<br>_Körperteil 1_

_____ . Sie hatten die Kontrolle über die Schule übernommen und alle
<br>_Organ_

Lehrer durch gewaltige, ferngesteuerte _____ ersetzt. Uns blieb nichts
<br>_Elektrogerät_

anderes übrig, als uns von diesen _____ zu lassen.
<br>_Verb 1_

In der ersten Stunde brachten uns die Maschinen bei, wie man Laser-_____
<br>_Waffe_

konstruiert. Danach erklärte man uns das _____ einer fliegenden
<br>_Verb 2_

_____ . Auch über die Positionen weit entfernter _____
<br>_Stück Geschirr_ _Nomen 1_

im Weltall erfuhren wir einiges.

Am Ende der sechsten Stunde verkündeten die Fremdlinge, dass sie jetzt _____
<br>_Adjektiv_

seien und einen leckeren _____ benötigten. Schon kam einer von ihnen
<br>_Nomen 2_

auf mich zu, die _____ gierig ausgestreckt … Ich schrie auf – und erwachte!
<br>_Körperteil 2_

Es war früher Morgen. Ich saß im Schul-_____ und meine Sitz-
<br>_Fahrzeug 2_

_____ starrten mich verwirrt an. Ich war eingenickt, alles war nur ein
<br>_Nomen 3_

_____ gewesen. Was für ein _____ !
<br>_Nomen 4_ _Nomen 5_

# WORTVORRAT

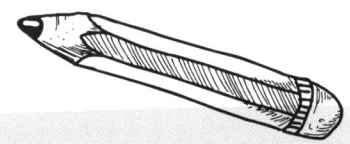
**#9**

Beruf (Mehrzahl): _____

Vorname 1: _____

Nachname e. Lehrerin 1: _____

wildes Tier (Mehrzahl): _____

exotisches Land: _____

Nomen 1 (Mehrzahl): _____

Vorname 2: _____

Nachname eines Lehrers 1: _____

Nomen 2: (der) _____

Gebäude: (der/das) _____

Vorname 3: _____

Nachname eines Lehrers 2: _____

Sportler: (der) _____

Vorname 4: _____

Nachname e. Lehrerin 2: _____

Kleidungsstück: (der) _____

Ort: (die) _____

Nomen 3 (Mehrzahl): _____

# WAS SCHÜLER GLAUBEN, WIE IHRE LEHRER IHRE FREIZEIT VERBRINGEN

Hast du dich auch schon gefragt, was _____ wohl in ihrer Freizeit
Beruf

machen? Eine Umfrage verrät jetzt, was Schüler am häufigsten vermuten:

– _____ , 11 Jahre: „Unsere Lehrerin, Frau _____ , ist
Vorname 1                                        Nachname e. Lehrerin 1

total mutig. Ich könnte mir vorstellen, dass sie in den Ferien _____
wildes Tier

dressiert. Sie lässt sie sich aus _____ liefern, zähmt sie und bringt ihnen
exotisches Land

_____ bei. Dann verkauft sie sie an den Zirkus."
Nomen 1

– _____ , 12 Jahre: „Herr _____ betreibt als Hobby
Vorname 2                              Nachname eines Lehrers 1

Base-Jumping, jede Wette! Mit nichts als einem dünnen _____ auf dem
Nomen 2

Rücken stürzt er sich von jedem noch so hohen _____ herunter und
Gebäude

segelt wie ein Vogel zu Boden."

– _____ , 10 Jahre: „Herr _____ ist garantiert Welt-
Vorname 3                              Nachname eines Lehrers 2

klasse-_____ , wenn er gerade nicht in der Schule ist."
Sportler

– _____ , 11 Jahre: „Klarer Fall: Für Frau _____ ist der
Vorname 4                                          Nachname e. Lehrerin 2

Lehrerberuf nur eine Tarn-Identität. In Wirklichkeit ist sie Superheldin. Mit einem

knallroten _____ um die Schultern kreist sie nachts über der
Kleidungsstück

_____ und macht Jagd auf _____ . Ich bewundere sie!"
Ort                              Nomen 3

Land: _____

Nomen 1 (Mehrzahl): _____

Nomen 2: (der) _____

Himmelskörper/Planet 1: (die) _____

Himmelskörper/Planet 2: (die) _____

Beruf 1: _____

Nachname: _____

Vorname: _____

Körperteil: _____

Beruf 2: _____

Zahl: _____

Himmelskörper/Planet 3: (der) _____

Nomen 3: (der) _____

# BERÜHMTE PERSÖNLICHKEITEN

*(Auszug aus dem Geschichtsbuch der 7. Klasse)*

**Galileo Galilei** lebte im 16. Jahrhundert in _____ . Als Wissenschaftler
Land

erforschte er u.a. die Natur, aber auch die _____ und ihre Positionen am
Nomen 1

_____ . Durch seine Studien konnte er nachweisen, dass sich die
Nomen 2

_____ um die _____ dreht und nicht umgekehrt, wie
Himmelskörper/Planet 1          Himmelskörper/Planet 2

man bis dahin angenommen hatte.

**Johann Wolfgang von Goethe** war ein berühmter deutscher _____ , der
Beruf 1

im 18. und 19. Jahrhundert lebte. Viele seiner Werke, darunter „Die Leiden des jungen

_____ ", „ _____ von Berlichingen" oder
Nachname                      Vorname

„ _____ ", werden heute noch im Deutschunterricht an Schulen gelesen.
Körperteil

**Neil Armstrong** war ein US-amerikanischer _____ . Im Jahre 1969
Beruf 2

startete er als Mitglied der „Apollo- _____ "-Mission ins All und landete
Zahl

wenig später auf dem _____ . Er war damit der erste Mensch, der je einen
Himmelskörper/Planet 3

anderen _____ als die Erde betrat.
Nomen 3

# WORTVORRAT

Nomen 1:                    (das) _____

Verb 1:                     _____

Nomen 2 (Mehrzahl):         _____

Nomen 3:                    (der) _____

Verb 2:                     _____

Nomen 4:                    (das) _____

Raum eines Hauses:          (die) _____

Verb 3:                     (er/sie/es) _____

Nomen 5 (Mehrzahl):         _____

Nomen 6:                    (die) _____

Zahl (größer 1):            _____

Uhrzeit 1:                  _____

Uhrzeit 2:                  _____

Nomen 7:                    (das) _____

Nomen 8:                    (der) _____

# AUFENTHALT IN DER JUGENDHERBERGE

Liebe Schülerinnen und Schüler,

solange ihr euch in unserem schönen _____ aufhaltet, bitten wir euch,
Nomen 1

folgende Regeln zu beachten:

1) Vermeidet lautes _____ und unterlasst es, auf den Fluren die
Verb 1

_____ zu knallen. Unnötiger _____ stört die anderen
Nomen 2           Nomen 3

Gäste!

2) Erscheint stets pünktlich zum _____ ! Wer zu spät kommt, muss
Verb 2

möglicherweise hungrig ins _____ gehen.
Nomen 4

3) Wer für den Dienst in der _____ eingeteilt ist, begibt sich direkt
Raum eines Hauses

nach dem Essen dorthin und _____ das Geschirr.
Verb 3

4) Keine _____ oder sonstigen Abfall in die _____ werfen!
Nomen 5           Nomen 6

4) Jugendliche unter _____ Jahren dürfen das Haus nach
Zahl

_____ Uhr nur in Begleitung einer Lehrkraft verlassen. Bis
Uhrzeit 1

_____ Uhr müssen alle Gäste zurück sein.
Uhrzeit 2

5) Sollte ein _____ ausbrechen, und verlasst das Haus sofort auf den
Nomen 7

im Rettungsplan eingezeichneten Wegen.

Die Herbergsleitung wünscht euch einen schönen _____ !
Nomen 8

Zahl 1 (größer 1): _____

Zahl 2 (größer 1): _____

Nomen 1 (Mehrzahl): _____

Verb 1: _____

Zeiteinheit 1 (Mehrzahl): _____

Nomen 2: (das) _____

Süßigkeit (Mehrzahl): _____

Speise: (der) _____

Verb 2: _____

Nomen 3 (Mehrzahl): _____

Verb 3: _____

Nomen 4: (der) _____

Nomen 5: (die) _____

Zahl 3 (größer 1): _____

Zeiteinheit 2 (Mehrzahl): _____

Land: _____

# DER SCHÖNSTE SCHULTAG DES JAHRES

Egal ob _____ Jahre alt oder _____ , gleich ob Schul-
Zahl 1                                  Zahl 2

anfänger oder Abiturient – alle _____ lieben den letzten Schultag vor den
Nomen 1

großen Ferien.

Bereits das _____ am frühen Morgen fällt leichter als sonst, denn man
Verb 1

weiß: Es ist das letzte Mal für viele _____ , dass man sich aus dem
Zeiteinheit 1

_____ quälen muss.
Nomen 2

In der Schule wird es sogar noch besser: Irgendwer hat an diesem speziellen Tag immer

_____ oder einen selbst gebackenen _____ dabei, ständig
Süßigkeit                                          Speise

ist man am _____ . An „richtigen" Unterricht ist nicht zu denken. Die
Verb 2

_____ für die Zeugnisse sind längst gemacht, jedem ist klar, dass diese
Nomen 3

Schulstunden nicht zählen. Manche Lehrer bringen daher selbst etwas zu

_____ mit, andere legen einen _____ in den DVD-Player
Verb 3                                     Nomen 4

oder veranstalten Rätselspiele mit ihrer Klasse.

Dann der große Moment: Die _____ läutet zum Schulschluss! Die Schüler
Nomen 5

eilen nach Hause, wo _____ _____ seligen Nichtstuns sie
Zahl 3              Zeiteinheit 2

erwarten oder vielleicht eine Urlaubsreise nach _____ oder etwas anderes,
Land

worüber man dann nach den Ferien in einem Deutschaufsatz berichten kann …

Nomen 1 (Mehrzahl): _____

Fremdwort 1 (Nomen): (die) _____

Nomen 2 (Mehrzahl): _____

Zahl (größer 1): _____

Nachname eines Lehrers: _____

Verb: _____

Speise: (der) _____

Nomen 3: (das) _____

Adjektiv: _____

albernes Wort 1 (Nomen): _____

albernes Wort 2 (Nomen): _____

Nomen 4: (der) _____

Ausruf: _____

Fremdwort 2 (Nomen): _____

# DIE GESETZE DER MATHEMATIK

**Lehrer:** Guten Morgen, liebe _____ ! Heute wollen wir uns der
<sub>Nomen 1</sub>

_____ widmen. Schlagt hierzu bitte eure _____ auf Seite
Fremdwort 1                                         Nomen 2

_____ auf.
Zahl

**Schüler 1:** Herr _____ ? Wozu braucht man das?
Nachname eines Lehrers

**Lehrer:** Diese Art zu _____ benötigen wir, wenn wir nicht mit ganzen
Verb

Zahlen arbeiten, sondern nur mit Teilen davon. Stell dir vor, du hast einen

_____ und isst nur eine Hälfte davon …
Speise

**Schüler 2:** Also, ich esse immer den ganzen!

**Lehrer:** Das war nur ein _____ . Wenn du jedenfalls nur einen halben übrig
Nomen 3

hättest, würde das mathematisch so dargestellt werden … (schreibt etwas an die Tafel).

**Schüler 1:** Das sieht _____ aus!
Adjektiv

**Lehrer:** Den oberen Wert nennen wir _____ , der untere heißt
albernes Wort 1

_____ . Das Ding in der Mitte ist der Bruch-_____ .
albernes Wort 2                                        Nomen 4

**Schüler 3:** Hi, hi – das klingt, als wäre er kaputt!

**Lehrer:** Hättest du vier gleich große Stücke geschnitten und nur drei davon gegessen …

**Schüler 2:** Ich esse aber doch immer den ganzen!

**Schüler 3:** Hi, hi! Die Zahl ist kaputt!

**Lehrer:** (klappt seufzend sein Buch zu) _____ ! Dann nehmen wir heute
Ausruf

eben _____ durch!
Fremdwort 2

Land 1: _____

Land 2: _____

Zeiteinheit (Mehrzahl): _____

Nomen 1: (die) _____

Adjektiv: _____

Nomen 2 (Mehrzahl): _____

Nomen 3: (die) _____

erfundenes Wort 1: _____

Getränk: (die) _____

erfundenes Wort 2: _____

erfundenes Wort 3: _____

Nomen 4: (die) _____

Insekt (Mehrzahl): _____

Gemüse (Mehrzahl): _____

etwas zu essen: (der/das) _____

Verb: _____

Nomen 5: (der) _____

Sinnesorgan (Mehrzahl): _____

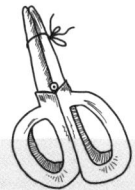

# WENN EINER EINE REISE TUT

Jedes Jahr findet an der Schule ein Schüleraustausch statt. Für die Teilnehmer geht es dann

nach _____ oder nach _____ , wo sie für zwei
　　　　　Land 1　　　　　　　　　　　　Land 2

_____ in der _____ des Gastgebers leben dürfen. Das ist
　　Zeiteinheit　　　　　　　　Nomen 1

_____ und macht Spaß, aber es gibt auch gewisse _____ ,
　　Adjektiv　　　　　　　　　　　　　　　　　　　　　　　　　Nomen 2

auf die man sich einstellen sollte.

Da ist zum einen die _____ . Beherrscht man sie nicht ausreichend gut,
　　　　　　　　　　Nomen 3

kann es zu peinlichen Situationen kommen. Stell dir vor, du willst im Unterricht eine

Frage mit „Ja" beantworten und sagst: „ _____ " – aber das heißt in der
　　　　　　　　　　　　　　　　　erfundenes Wort 1

Landessprache „Nein". Oder du möchtest dir am Kiosk eine _____ kaufen,
　　　　　　　　　　　　　　　　　　　　　　　　　　Getränk

sagst: „ _____ , _____ !" – und die beleidigte Verkäuferin
　　　erfundenes Wort 2　　　erfundenes Wort 3

verpasst dir prompt eine _____ !
　　　　　　　　　　　Nomen 4

Dann wäre da das Essen. Möglicherweise verzehrt man im Gastland frittierte

_____ oder das Nationalgericht dort sind Senf-_____
　　Insekt　　　　　　　　　　　　　　　　　　　　　　　　　Gemüse

in Gelee. Mancher Schüler wünscht sich in so einem Fall ein langweiliges Stück

_____ aus seiner Heimat herbei.
　etwas zu essen

Doch in allererster Linie gibt es viel zu sehen und zu _____ . Ein Jahr
　　　　　　　　　　　　　　　　　　　　　　　　　　Verb

darauf kommt dann der Austausch-_____ zu Besuch – und wird wahr-
　　　　　　　　　　　　　Nomen 5

scheinlich große _____ machen, wie es hier bei uns so zugeht.
　　　　　　Sinnesorgan

Jahreszeit: (der) _____

Name eines Lehrers: _____

Gebäude: (die) _____

Nomen 1 (Mehrzahl): _____

Nomen 2: (die) _____

Nomen 3 (Mehrzahl): _____

Gemüse (Mehrzahl): _____

Obst (Mehrzahl): _____

Pflanze (Mehrzahl): _____

Gericht: (der) _____

Körperteil 2 (Mehrzahl): _____

Teil einer Pflanze (Mehrzahl): _____

Insekt (Mehrzahl): _____

Tier (Mehrzahl): _____

Land: _____

Adjektiv: _____

Beruf (Mehrzahl): _____

VERRÜCKT!

# DER SCHULGARTEN

Im vorletzten _____ hat Biologielehrer Dr. _____ auf
<sub>Jahreszeit</sub>                                                   Name eines Lehrers

einem Stück Wiese hinter der _____ einen Schulgarten angelegt. Indem
Gebäude

sie gemeinsam die _____ pflegen, die er dort gepflanzt hat, sollen die
Nomen 1

Schüler etwas über die _____ lernen, in der wir leben, und über die
Nomen 2

Wichtigkeit natürlicher und gesunder _____ .
Nomen 3

Die Beete dort sind ebenfalls gut angegangen. Nach nur einem Jahr konnten die

Schülerhelfer _____ , _____ und sogar ein paar
Gemüse                      Obst

_____ ernten, aus denen sie sich in der Mittagspause einen leckeren
Pflanze

_____ zubereiten durften.
Gericht

Weniger beliebt ist der Kampf gegen Schädlinge. Wer schiebt schon gerne seine

_____ in die _____ , um _____ oder
Körperteil 2            Teil einer Pflanze             Insekt

_____ zu beseitigen?
Tier

Nur ein Gewächs hat das erste Jahr nicht überlebt: eine fleischfressende Pflanze aus

_____ . Ihr war es in unseren Breiten wohl zu _____ .
Land                                            Adjektiv

Schade. Einige Schüler hatten schon gehofft, man könnte ihr eines Tages vielleicht unbe-

liebte _____ als Futter anbieten.
Beruf

Nachname: _____

Nomen 1 (Mehrzahl): _____

etwas, das auf Bäumen wächst: (die) _____

Körperteil 1: (der) _____

Körperteil 2: (der) _____

Nomen 2: (das) _____

Nomen 3: (der) _____

Körperteil 3 (Mehrzahl): _____

Körperteil 4 (Mehrzahl): _____

Adjektiv: _____

Nomen 4 (Mehrzahl): _____

Material: (der) _____

Nomen 5 (Mehrzahl): _____

Haustier 1: (der) _____

Haustier 2: (die) _____

Zahl 1 (größer 1): _____

Vorname e. Mitschülerin: _____

männl. Verwandter: _____

Wasserlebewesen (Mehrzahl): _____

# WER WILL FLEISSIGE BASTLER SEHEN?

Unser Kunstlehrer, Herr _____ , ist ein cooler Typ. Neulich hatte er eine
<br>Nachname

besonders witzige Idee: Wir sollten sämtliche _____ unserer Familie
<br>Nomen 1

basteln. Eine dicke _____ dient dabei als _____ , eine
<br>etwas, das auf Bäumen wächst  Körperteil 1

zweite, etwas kleinere, bildet den _____ . Rasch ein _____
<br>Körperteil 2  Nomen 2

hineingebohrt, beide Teile mit einem Zahn-_____ und mit etwas Kleber
<br>Nomen 3

verbunden. _____ und _____ werden auf dieselbe Art
<br>Körperteil 3  Körperteil 4

zusammengefügt. Fast fertig! Damit die kleinen Kerle nicht _____ herum-
<br>Adjektiv

stehen müssen, bekommen sie _____ aus _____ -Resten.
<br>Nomen 4  Material

Perfekt! Auch _____ – falls man zu Hause welche hat – lassen sich mit
<br>Nomen 5

diesen Hilfsmitteln leicht herstellen: Ob _____ oder
<br>Haustier 1

_____ – einfach eine _____ mit
<br>Haustier 2  etwas, das auf Bäumen wächst, s. o.

_____ Beinen und einem Kopf versehen, fertig ist das letzte Familien-
<br>Zahl 1

mitglied.

Alle Schüler kamen mit dieser Anleitung gut zurecht. Nur _____ hatte
<br>Vorname e. Mitschülerin

Schwierigkeiten, alle Bewohner ihres Hauses zu basteln: Ihr _____ hat
<br>männl. Verwandter

nämlich ein Aquarium, in dem sich unzählige _____ tummeln!
<br>Wasserlebewesen

# WORTVORRAT

Nomen 1:                         (der) _____

Nomen 2 (Mehrzahl):              _____

Zeiteinheit (Mehrzahl):          _____

Verb 1:                          _____

Farbe 1:                         _____

Farbe 2:                         _____

Verb 2:                          _____

Nomen 3 (Mehrzahl):              _____

Nomen 4:                         (das) _____

Gebäude:                         (das) _____

Adjektiv 1:                      _____

Nomen 5:                         (das) _____

Nomen 6 (Mehrzahl):              _____

Süßigkeit (Mehrzahl):            _____

Nomen 7:                         (das) _____

Zahl (größer 1):                 _____

Kleidungsstück:                  (die) _____

# OJE ... ZEUGNISSE!

Für manche Schüler ist es der schlimmste _____ des Jahres: Das Schuljahr
Nomen 1

endet, die Jahres- _____ werden verteilt! Manch einer fürchtet diesen
Nomen 2

Zeitpunkt so sehr, dass er schon viele _____ davor nicht mehr richtig
Zeiteinheit

_____ kann vor Angst. Schlimm genug, dass dieses Dokument einem
Verb 1

_____ auf _____ aufzeigt, in welchen Fächern man
Farbe 1          Farbe 2

versagt hat. Aber man muss es auch noch zu Hause vorzeigen und _____
Verb 2

lassen! Für viele Schüler – besonders solche, deren _____ nicht so toll
Nomen 3

sind – ist das ein echtes _____ . Sie fürchten, ausgeschimpft zu werden,
Nomen 4

manchen droht vielleicht sogar _____ -Arrest.
Gebäude

Andere Schüler freuen sich dagegen auf diesen besonderen Tag. _____
Adjektiv 1

tragen sie ihr _____ nach Hause, um dort ihre tollen
Nomen 5

_____ zu präsentieren und anzugeben. Manche kassieren sogar eine
Nomen 6

Belohnung: _____ , einen Gutschein fürs _____ oder
Süßigkeit                              Nomen 7

vielleicht _____ Euro.
Zahl

Zu welcher Sorte gehörst du? Freust du dich auf dein _____ oder machst
Nomen 5, s. o.

du dir davor jedes Mal vor Angst in die _____ ?
Kleidungsstück

# WORTVORRAT

**#18**

Ballspiel: _____

Adjektiv 1: _____

Zahl 1 (größer 1): _____

Gebäude: (die) _____

Nomen 1 (Mehrzahl): _____

Nomen 2: (der) _____

Nomen 3: (der) _____

Zahl 2 (größer 1): _____

Nomen 4: (der) _____

Verb 1: _____

Verb 2: _____

Verb 3: _____

Nomen 5 (Mehrzahl): _____

Zahl 3 (größer 1): _____

Zahl 4 (größer 1): _____

Zahl 5 (größer 1): _____

Adjektiv 2: _____

Sportart: _____

# SPORT IST MORD?

Heute steht im Sportunterricht _____ auf dem Plan. Die Regeln sind ganz
                                        Ballspiel

_____ , schon nach _____ Minuten hat es jeder kapiert.
        Adjektiv 1                          Zahl 1

Man kann es in der _____ spielen, aber auch draußen. Zwei
                            Gebäude

_____ treten gegeneinander an. Sie versuchen, den _____
        Nomen 1                                                          Nomen 2

in den gegnerischen _____ zu bugsieren, der sich am entgegengesetzten
                            Nomen 3

Ende des Spielfelds befindet, _____ Meter über dem Boden.
                                    Zahl 2

Wenn ein Spieler den _____ besitzt, muss er damit _____.
                            Nomen 4                                      Verb 1

Das bedeutet, er muss ihn beim _____ regelmäßig auf dem Boden auf-
                                    Verb 2

springen lassen.

An ein anderes Mannschaftsmitglied abspielen nennt man _____ . Wenn
                                                                Verb 3

man sich geschickt anstellt, lassen sich dadurch die gegnerischen _____
                                                                        Nomen 5

austricksen. Steht ein Spieler günstig, kann er versuchen, den _____ zu
                                                                    Nomen 3, s. o.

treffen. Schafft er das, erhält seine Mannschaft _____ Punkte.
                                                        Zahl 3

Am Ende unserer Doppelstunde steht es _____ zu _____ .
                                            Zahl 4                      Zahl 5

Die Lehrerin findet diese Leistung ganz _____ . Nächste Woche, sagt sie,
                                            Adjektiv 2

ist dann _____ dran.
            Sportart

# WORTVORRAT

#19

Nomen 1 (Mehrzahl): _____

Datum: _____

Uhrzeit: _____

Fahrzeug: (der) _____

Nomen 2: (der) _____

Zahl 1 (größer 1): _____

Nomen 3 (Mehrzahl): _____

Nomen 4 (Mehrzahl): _____

Kleidungsstück (Mehrzahl): _____

Verb: _____

Nomen 5 (Mehrzahl): _____

Gebäude: (die) _____

ein Gericht: _____

Getränk: _____

Körperteil: _____

Zahl 2 (größer 1): _____

Beruf: (der) _____

Nomen 6: (die) _____

# ELTERNBRIEF ZUM WANDERTAG

Sehr geehrte _____ ,
<br>*Nomen 1*

am _____ ist für die Klasse Ihres Kindes sowie die Parallelklassen ein
<br>*Datum*

Wandertag geplant. Um _____ Uhr werden die Schüler vor dem Schul-
<br>*Uhrzeit*

gelände von einem _____ abgeholt, der sie zum Stadtwald bringt. Ein
<br>*Fahrzeug*

sachkundiger _____ wird die Kinder dort in Empfang nehmen und mit
<br>*Nomen 2*

ihnen einen rund _____ Kilometer langen Naturlehrpfad abwandern.
<br>*Zahl 1*

Dabei wird den Schülern viel Wissenswertes über die _____ und
<br>*Nomen 3*

_____ des Waldes vermittelt. Bitte tragen Sie Sorge dafür, dass Ihr Kind
<br>*Nomen 4*

für den Marsch bequeme _____ trägt. Auch etwas zu
<br>*Kleidungsstück*

_____ sollte es dabei haben. Für den Fall, dass schlechtes Wetter eintritt,
<br>*Verb*

geben Sie ihm bitte entsprechende _____ mit.
<br>*Nomen 5*

Zum Mittagessen wird die Gruppe in einer _____ im Wald einkehren.
<br>*Gebäude*

Dort gibt es _____ sowie ausreichend _____ für alle.
<br>*ein Gericht* · *Getränk*

Die Unkosten für den Wandertag belaufen sich pro _____ auf
<br>*Körperteil*

_____ Euro. Bitte geben Sie Ihrem Kind das Geld in den nächsten Tagen
<br>*Zahl 2*

mit, damit der Klassen- _____ es einsammeln kann.
<br>*Beruf*


Mit freundlichen Grüßen

die Schul-_____
<br>*Nomen 6*

# WORTVORRAT

Beruf:      (der) _____

Nomen 1 (Mehrzahl):      _____

Nomen 2 (Mehrzahl):      _____

Adjektiv 1:      _____

Mädchenname 1:      _____

Jungenname 1:      _____

Körperteil 1:      (der) _____

Jungenname 2:      _____

Körperteil 2:      (der) _____

Mädchenname 2:      _____

Adjektiv 2:      _____

Adjektiv 3:      _____

Verb 1:      _____

elektrisches Gerät:      (die) _____

Adjektiv 4:      _____

englisches Wort (Nomen):      _____

etwas Ekliges:      _____

Verb 2:      _____

Nomen 3:      (der) _____

# DAS KLASSENFOTO

Heute ist ein besonderer Tag, denn heute kommt der Schul-_____ ! Für
Beruf

das neue Jahrbuch soll er _____ von allen Klassen machen.
Nomen 1

Nacheinander scheuchen die Lehrer ihre _____ hinaus in den Schulhof.
Nomen 2

Vor dem Brunnen in der Mitte müssen sich alle aufstellen.

Aber das ist gar nicht so _____ . Mal kann man von
Adjektiv 1

_____ nur die Hälfte sehen, weil der große _____ vor ihr
Mädchenname 1  Jungenname 1

steht, mal verdeckt der _____ von _____ den
Körperteil 1  Jungenname 2

_____ von _____ . Und so weiter. Mit der Zeit wird der
Körperteil 2  Mädchenname 2

Fotograf _____ . Er fordert die Kleinsten auf, ganz nach vorn zu kommen.
Adjektiv 2

Aber wer gibt schon gerne zu, dass er _____ ist?
Adjektiv 3

Als endlich alle _____ , wird es spannend: Die Schüler sollen in die
Verb 1

_____ schauen und _____ gucken. Der Fotograf lässt alle
elektrisches Gerät  Adjektiv 4

im Chor „_____ " sagen, aber das sieht noch nicht _____
englisches Wort  Adjektiv 4, s. o.

genug aus. Erst als alle laut „Ameisen-_____ " brüllen, muss die ganze
etwas Ekliges

Klasse lauthals _____ . Perfekt, das Foto ist im _____ !
Verb 2  Nomen 3

Verb 1: _____

Nomen 1 (Mehrzahl): _____

Nomen 2: (der/das) _____

Adjektiv 1: _____

Nomen 3: (die) _____

Adjektiv 2: _____

Nomen 4: (die) _____

Körperteil 1 (Mehrzahl): _____

Nomen 5: (der) _____

Fahrzeug: (das) _____

Teil des Kopfes: (das) _____

Körperteil 2: (der) _____

Verb 2: _____

Nomen 6 (Mehrzahl): _____

Nomen 7: (das) _____

Nomen 8: (die) _____

Nomen 9: (der) _____

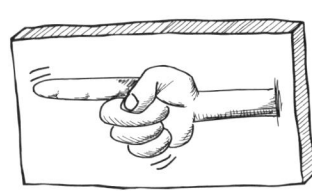

# LIEBLING DER LEHRER

Klarer Fall: Wen die Lehrer _____ , der hat in der Schule einen besseren
Verb 1

Stand, bekommt bessere _____ . Nur … wie stellt man es an, zum
Nomen 1

_____ der Lehrer zu werden? Hier einige einfache Regeln:
Nomen 2

1) Sei _____ ! Ein netter morgendlicher Gruß verbessert die Laune,
Adjektiv 1

eine aufgehaltene _____ stimmt jeden noch so miesepetrigen
Nomen 3

Lehrer froh. Lehrerinnen reagieren positiv auf Komplimente. Sag ihnen, wie

_____ sie aussehen!
Adjektiv 2

2) Mach dich nützlich! Trag die _____ deines Lehrers in den Klassen-
Nomen 4

saal, wenn er die _____ voll hat. Bei Regen biete ihm an, seinen
Körperteil 1

_____ zu halten, während er sein _____ aufschließt.
Nomen 5      Fahrzeug

3) Im Unterricht mach grundsätzlich ein interessiertes _____ und
Teil des Kopfes

nicke hin und wieder mit dem _____ . Nicht dauernd mit dem Sitz-
Körperteil 2

nachbarn _____ !
Verb 2

4) Nach dem Unterricht renn nicht gleich hinaus. Hilf deinem Lehrer, seine

_____ zusammenzuräumen. Beim Hinausgehen sprich mit ihm über
Nomen 6

das _____ oder erkläre, wie sehr du dich auf die nächste
Nomen 7

_____ mit ihm freust.
Nomen 8

Du wirst sehen, auf diese Weise bist du schon bald der absolute _____
Nomen 9

der Lehrerschaft!

# WORTVORRAT

**#22**

Abschnitt des Tages: _____

komischer Nachname: _____

Nachname einer Lehrerin: _____

Adjektiv: _____

Möbel: (das) _____

Nomen 1: (die) _____

Nomen 2 (Mehrzahl): _____

Bezeichnung einer Klasse: _____

Nomen 3: (der) _____

Nomen 4 (Mehrzahl): _____

Zahl (größer 1): _____

Nomen 5: (die) _____

Name eines Schülers: _____

Nomen 6: (das) _____

Verb: (er/sie/es) _____

Material: (das) _____

Nomen 7: (der) _____

Nomen 8: (das) _____

Werkzeug: (der) _____

# VERTRETUNGSSTUNDE

Als die Tür des Klassensaals sich öffnet, erscheint dort ein fremdes Gesicht.

„Guten _____ !", sagt der Mann. „Ich bin Herr _____ . Ich
        Abschnitt des Tages                                 komischer Nachname

vertrete heute Frau _____ . Sie ist leider _____ und muss
           Nachname einer Lehrerin                    Adjektiv

zu Hause das _____ hüten."
         Möbel

Er geht zum Lehrerpult und stellt eine riesige schwarze _____ darauf ab.
                                         Nomen 1

Dann mustert er die _____ . „Ihr seid also die _____ ?
            Nomen 2                    Bezeichnung einer Klasse

Wie man hört, sollt ihr ein ziemlich chaotischer _____ sein. Na ja, wir
                                     Nomen 3

werden sehen … Nehmt bitte eure _____ heraus und schlagt sie auf Seite
                            Nomen 4

_____ auf!"
   Zahl

Kaum hat er sich gesetzt, da fliegt plötzlich eine Papier- _____ nach vorn
                                      Nomen 5

und bleibt neben dem Pult liegen. _____ , der Klassenclown, hat sie
                     Name eines Schülers

abgeschossen. Der Vertretungslehrer betrachtet sie kurz, dann zieht er ein langes Blas-

_____ aus seiner Tasche und _____ kurzerhand zurück!
    Nomen 6                            Verb

Sofort entbrennt eine wilde _____ -Schlacht. Als es zur Pause klingelt,
                           Material

gleicht der Klassen- _____ einem _____ .
              Nomen 7                Nomen 8

Alle Schüler sind sich einig: Herr _____ ist der _____ !
                    komischer Nachname, s. o.                  Werkzeug

**ABC**

# WORTVORRAT

Wochentag 1 (Mehrzahl): _____

Getränk: _____

erfundenes Wort: _____

Wochentag 2: _____

Monat: _____

Jahreszahl: _____

Zahl (größer 1): _____

ekliges Tier (Mehrzahl): _____

Nomen 1 (Mehrzahl): _____

Teil des Kopfes: (das) _____

Möbelstück (Mehrzahl): _____

Lebewesen (Mehrzahl): _____

etwas zu essen (Mehrzahl): _____

Adjektiv: _____

Nomen 2 (Mehrzahl): _____

Verb: _____

# UNANGEKÜNDIGTE ÜBER-PRÜFUNG IM FACH DEUTSCH

Nachdem ihr alle unsere Klassenlektüre „Eine Woche voller _____ "
<u>Wochentag 1</u>

gelesen habt, beantwortet bitte die folgenden Fragen zum Buch, indem ihr die korrekten

Antworten ankreuzt:

**1)** Wann bekommt Herr Taschen-_____ Besuch vom _____ ?
<u>Getränk</u>        <u>erfundenes Wort</u>

    a) Am _____
<u>Wochentag 2</u>

    b) Irgendwann im _____
<u>Monat</u>

    c) Im Jahre _____
<u>Jahreszahl</u>

**2)** Wie viele Wünsche stehen dem Gastgeber dieses Zauberwesens frei?

    a) exakt _____
<u>Zahl</u>

    b) So viele, wie er _____ in seinem Terrarium hat.
<u>ekliges Tier</u>

    c) So viele, wie das Wesen blaue _____ im _____ hat.
<u>Nomen I</u>        <u>Teil des Kopfes</u>

**3)** Was isst das Wesen am liebsten?

    a) Gegrillte _____
<u>Möbelstück</u>

    b) Gebackene _____
<u>Lebewesen</u>

    c) Heiße _____ mit viel Senf
<u>etwas zu essen</u>

**4)** Wie hat dir das Buch gefallen?

    a) Es war absolut _____ !
<u>Adjektiv</u>

    b) Ich hatte schon _____ , die mehr Spaß gemacht haben.
<u>Nomen 2</u>

    c) Ich fand es zum _____ !
<u>Verb</u>

# WORTVORRAT

Nomen 1:                              (das)_____

Nomen 2 (Mehrzahl):                   _____

Nomen 3:                              (die) _____

Verb 1:                               _____

Zeiteinheit (Mehrzahl):               _____

männl. Vorname:                       _____

weibl. Vorname:                       _____

Nomen 4 (Mehrzahl):                   _____

Schulfach:                            _____

Material:                             _____

Nomen 5 (Mehrzahl):                   _____

Gebäude:                              (der) _____

Raum eines Hauses:                    (die) _____

Beruf:                                (der) _____

techn. Gerät 1 (Mehrzahl):            _____

techn. Gerät 2 (Mehrzahl):            _____

Adjektiv:                             _____

Verb 2:                               _____

Nomen 6:                              (der) _____

# THEATER, THEATER

In diesem Jahr hat sich die _____ -AG der Schule für die Adventszeit
Nomen 1

etwas Besonderes ausgedacht: Die _____ wollen am letzten Schultag des
Nomen 2

Jahres die Weihnachts-_____ aufführen.
Nomen 3

Klar, dass man für so ein Event viel und regelmäßig _____ muss. Bereits
Verb 1

viele _____ vor der geplanten Premiere trifft sich die Gruppe, um die
Zeiteinheit

Aufführung vorzubereiten. Zunächst werden die Rollen verteilt: Wer spielt _____ ,
männl. Vorname

wer _____ , wer die heiligen drei _____ ?
weibl. Vorname                                    Nomen 4

In _____ werden die Kulissen angefertigt: große, kunstvoll bemalte
Schulfach

_____ -Bahnen, bunte Papp-_____ und jede Menge
Material                                              Nomen 5

echtes Heu – schließlich spielt die wichtigste Szene ja in einem _____ .
Gebäude

Ein paar Tage vor der Aufführung wird in der _____ der Schule die
Raum eines Hauses

Bühne aufgebaut. Der _____ stellt helle _____ auf, dazu
Beruf                                              techn. Gerät 1

einige _____ , damit das Publikum später alles gut verstehen kann. Dann
techn. Gerät 2

kann es losgehen.

Direkt vor dem Auftritt sind alle schrecklich _____ , doch bei der an-
Adjektiv

schließenden Aufführung geht alles glatt. Am Schluss _____ alle erleich-
Verb 2

tert und nehmen dankbar den _____ des Publikums entgegen.
Nomen 6

# WORTVORRAT

Schulfach: _____

Gewürz: _____

Kleidungsstück (Mehrzahl): _____

Sinnesorgan (Mehrzahl): _____

Material 1: (der/das) _____

Adjektiv: _____

ein Metall: _____

Material 2: (das) _____

Beruf: (der) _____

Verb: _____

etwas Ekliges: _____

Nomen 1: (der) _____

Ausruf: _____

Nomen 2: (der) _____

# DER LEHRER HAT IMMER RECHT

**Lehrer:** Heute wollen wir uns im _____ -Unterricht der Frage widmen,
Schulfach

wie konzentrierte _____ -Säure mit unterschiedlichen Materialien
Gewürz

reagiert. Da dieser Versuch nicht ganz ungefährlich ist, lege ich zum Schutz diese gefütter-

ten _____ und einen _____ -Schutz aus durchsichtigem
Kleidungsstück Sinnesorgan

_____ an.
Material 1

**Schüler 1:** Das sieht voll _____ aus.
Adjektiv

**Lehrer:** Ruhe bitte! Nun gebe ich die Säure in ein Glas mit einem Stück

_____ darin. Es passiert …
ein Metall

**Schüler 2:** Nichts?

**Lehrer:** Absolut richtig. Nun derselbe Versuch mit einem Stück _____ .
Material 2

So! Wie ihr seht, geschieht erneut nichts.

**Schüler 1:** Aber … es fängt an zu qualmen.

**Lehrer:** Ruhe! Der _____ hat immer recht. Wie ich schon sagte: Es
Beruf

passiert überhaupt nichts.

**Schüler 1:** Jetzt fängt die Brühe an zu _____ .
Verb

**Schüler 2:** Puuh, das stinkt wie _____ !
etwas Ekliges

(Der Versuchsbehälter explodiert. Schwarzer _____ steigt auf.)
Nomen 1

**Lehrer:** _____ ! Alle Schüler raus aus dem _____ ! Klar?
Ausruf Nomen 2

**Schüler 2:** Logo. Der _____ hat schließlich immer recht.
Beruf, s. o.

# Das war's?

Schon alle Wortvorratslisten ausgefüllt,

aber du willst den Spaß mit anderen,

noch verrückteren Wörtern wiederholen?

 **WWW.VERRUECKTE-LUECKEN.DE**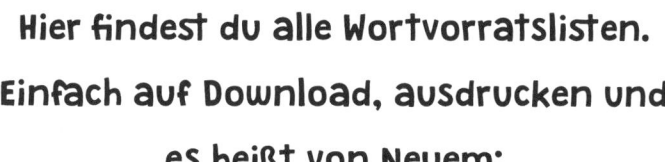

Hier findest du alle Wortvorratslisten.

Einfach auf Download, ausdrucken und

es heißt von Neuem:

**AUSFÜLLEN – VORLESEN – ABLACHEN**

# VERRÜCKTE  LÜCKEN

## AUSFÜLLEN – VORLESEN – ABLACHEN

**VERRÜCKTE LÜCKEN** ist ein durchgedrehtes, ganz und gar unsinniges Textspiel, das man allein oder zusammen mit Freunden spielen kann.

## DU BRAUCHST NOCH MEHR ABGEDREHTE GESCHICHTEN?

# KEIN PROBLEM!

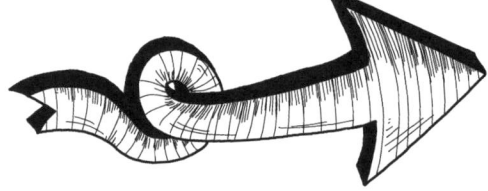

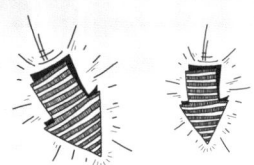

ISBN: 978-3-7432-0153-8

VERRÜCKTE LÜCKEN
AUSFÜLLEN – VORLESEN – ABLACHEN

TOTAL
FINSTERE
GRUSELGESCHICHTEN

Loewe

VERRÜCKTE LÜCKEN
AUSFÜLLEN – VORLESEN – ABLACHEN

TOTAL
MAGISCHE
FANTASIEGESCHICHTEN

Loewe

ISBN: 978-3-7432-0154-5

Loewe
Das will ich lesen!

ISBN: 978-3-7432-0155-2

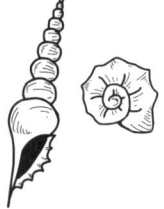

ISBN: 978-3-7432-0156-9

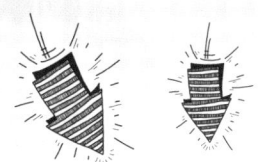

ISBN: 978-3-7432-0157-6

ISBN: 978-3-7432-0158-3

ISBN: 978-3-7432-0159-0

ISBN 978-3-7432-0152-1

4. Auflage 2021

© 2018 Loewe Verlag GmbH, Bindlach

Texte von Jens Schumacher

Umschlag- und Innenillustrationen: Michael Ludwig Dietrich

Umschlagfoto: © Klepach/Shutterstock.com

Umschlaggestaltung: Michael Ludwig Dietrich

Printed in the EU

WWW.LOEWE-VERLAG.DE